FULL SCORE

WSJ-19-010
＜吹奏楽J-POP楽譜＞

キラリ☆ミスター☆トゥインクルプリキュア

藤本記子（Nostalgic Orchestra）　作曲
浅野由莉　編曲

楽器編成表		
木管楽器	金管・弦楽器	打楽器・その他
Piccolo	B♭ Trumpet 1	Drums
Flutes 1 (& *2)	B♭ Trumpet 2	Timpani
*Oboe	*B♭ Trumpet 3	Percussion 1
*Bassoon	F Horns 1 (& *2)	…Wind Chime, Tambourine,
*E♭ Clarinet	F Horns 3 (& *4)	Vibra Slap
B♭ Clarinet 1	Trombone 1	Percussion 2
B♭ Clarinet 2	Trombone 2	…Sus.Cymbal, Triangle
*B♭ Clarinet 3	*Trombone 3	Percussion 3
*Alto Clarinet	Euphonium	…Glockenspiel, Vibraphone
Bass Clarinet	Tuba	
Alto Saxophone 1	Electric Bass	
*Alto Saxophone 2	(String Bass) ※パート譜のみ	Full Score
Tenor Saxophone		
Baritone Saxophone		

＊イタリック表記の楽譜はオプション

キラリ☆彡スター☆トゥインクルプリキュア

◆曲目解説◆

　2019年2月より放送を開始している、プリキュアシリーズ16作目、ABC・テレビ朝日系アニメ「スター☆トゥインクルプリキュア」のオープニング主題歌です。「宇宙 星座」をモチーフに描かれるこの作品は、未知なるものとの出会いや冒険をとおして、プリキュアたちが新しい自分へ挑戦し成長していく姿を描いています。そんな作品にぴったりの元気いっぱいでキラキラした楽曲が、吹奏楽譜になりました。明るくキャッチーなサウンドは吹奏楽で演奏するのにもってこい！依頼演奏をはじめ、コンサートなどの様々な演奏シーンで大活躍する一曲です♪

◆浅野由莉　プロフィール◆

　1988年大阪市生まれ、大阪市育ち。3歳より音楽教室に通い始め、5歳からピアノとエレクトーンを習う。小学生の時には、ピアノ曲の作曲を始めた。吹奏楽に出会ったのは中学生のときで、それ以来パーカッションを担当。高校では打楽器アンサンブルの作曲・編曲を、大学吹奏楽部では吹奏楽曲の編曲を手掛ける。
　現在も一般バンドなどで精力的に演奏活動を行いながら、吹奏楽の編曲に腕を磨く。また、合唱曲の編曲家としても活躍中。

ご注文について

ウィンズスコアの商品は全国の楽器店、ならびに書店にてお求めになれますが、店頭でのご購入が困難な場合、当社PC&モバイルサイト・電話からのご注文で、直接ご購入が可能です。

◎当社PCサイトでのご注文方法

http://www.winds-score.com

上記のURLへアクセスし、WEBショップにてご注文ください。

◎電話でのご注文方法

TEL．0120-713-771

営業時間内にお電話いただければ、電話にてご注文を承ります。

◎モバイルサイトでのご注文方法

右のQRコードを読み取ってアクセスいただくか、
URLを直接ご入力ください。

※この出版物の全部または一部を権利者に無断で複製(コピー)することは、著作権の侵害にあたり、著作権法により罰せられます。

※造本には十分注意しておりますが、万一落丁・乱丁などの不良品がありましたらお取替え致します。また、ご意見ご感想もホームページより受け付けておりますので、お気軽にお問い合わせください。

Piccolo

キラリ☆彡スター☆トゥインクルプリキュア

藤本記子（Nostalgic Orchestra）　作曲
浅野由莉　編曲

キラリ☆彡スター☆トゥインクルプリキュア

藤本記子（Nostalgic Orchestra）　作曲
浅野由莉　編曲

Flutes 1&2

Oboe

キラリ☆彡スター☆トゥインクルプリキュア

藤本記子（Nostalgic Orchestra）　作曲
浅野由莉　編曲

Bassoon

キラリ☆彡スター☆トゥインクルプリキュア

藤本記子（Nostalgic Orchestra） 作曲
浅野由莉 編曲

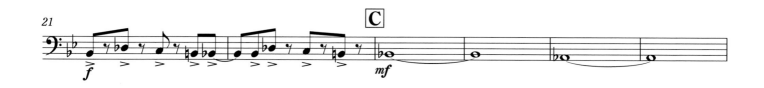

キラリ☆彡スター☆トゥインクルプリキュア

藤本記子（Nostalgic Orchestra） 作曲
浅野由莉 編曲

E♭ Clarinet

B♭ Clarinet 1

キラリ☆彡スター☆トゥインクルプリキュア

藤本記子（Nostalgic Orchestra）　作曲
浅野由莉　編曲

B♭ Clarinet 2

キラリ☆彡スター☆トゥインクルプリキュア

藤本記子（Nostalgic Orchestra）　作曲
浅野由莉　編曲

キラリ☆彡スター☆トゥインクルプリキュア

藤本記子（Nostalgic Orchestra）　作曲
浅野由莉　編曲

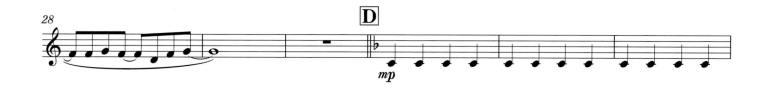

Alto Clarinet

キラリ☆彡スター☆トゥインクルプリキュア

藤本記子（Nostalgic Orchestra） 作曲
浅野由莉 編曲

キラリ☆彡スター☆トゥインクルプリキュア - 2

Alto Clarinet

Bass Clarinet

キラリ☆彡スター☆トゥインクルプリキュア

藤本記子（Nostalgic Orchestra） 作曲
浅野由莉 編曲

Alto Saxophone 1

キラリ☆彡スター☆トゥインクルプリキュア

藤本記子（Nostalgic Orchestra） 作曲
浅野由莉 編曲

Alto Saxophone 2

キラリ☆彡スター☆トゥインクルプリキュア

藤本記子（Nostalgic Orchestra） 作曲
浅野由莉 編曲

Tenor Saxophone

キラリ☆彡スター☆トゥインクルプリキュア

藤本記子（Nostalgic Orchestra）　作曲
浅野由莉　編曲

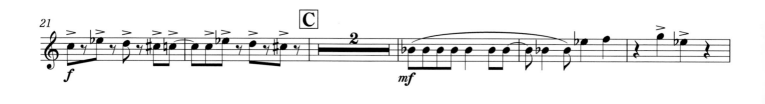
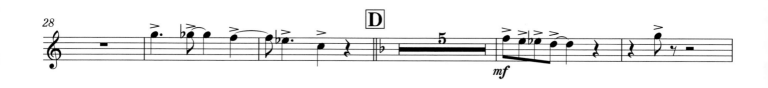

キラリ☆彡スター☆トゥインクルプリキュア

Baritone Saxophone

藤本記子（Nostalgic Orchestra）　作曲
浅野由莉　編曲

MEMO

F Horns 1&2

キラリ☆彡スター☆トゥインクルプリキュア

藤本記子（Nostalgic Orchestra）　作曲
浅野由莉　編曲

F Horns 3&4

キラリ☆彡スター☆トゥインクルプリキュア

藤本記子（Nostalgic Orchestra） 作曲
浅野由莉 編曲

Trombone 2

キラリ☆彡スター☆トゥインクルプリキュア

藤本記子（Nostalgic Orchestra） 作曲
浅野由莉 編曲

Trombone 3

キラリ☆彡スター☆トゥインクルプリキュア

藤本記子（Nostalgic Orchestra）　作曲
浅野由莉　編曲

Euphonium

キラリ☆彡スター☆トゥインクルプリキュア

藤本記子（Nostalgic Orchestra） 作曲
浅野由莉 編曲

キラリ☆彡スター☆トゥインクルプリキュア

藤本記子（Nostalgic Orchestra）　作曲
浅野由莉　編曲

Tuba

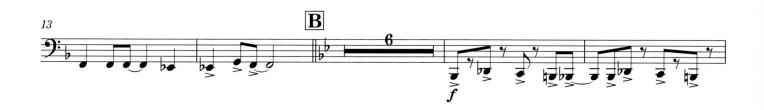

キラリ☆彡スター☆トゥインクルプリキュア

藤本記子（Nostalgic Orchestra） 作曲
浅野由莉 編曲

Electric Bass

String Bass

キラリ☆彡スター☆トゥインクルプリキュア

藤本記子（Nostalgic Orchestra）　作曲
浅野由莉　編曲

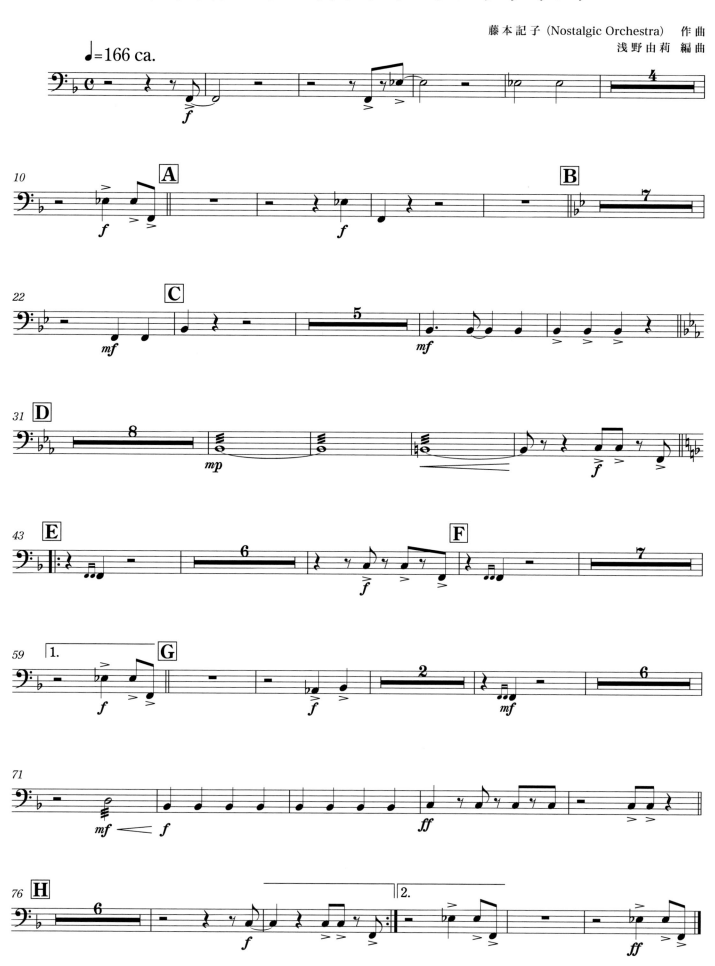

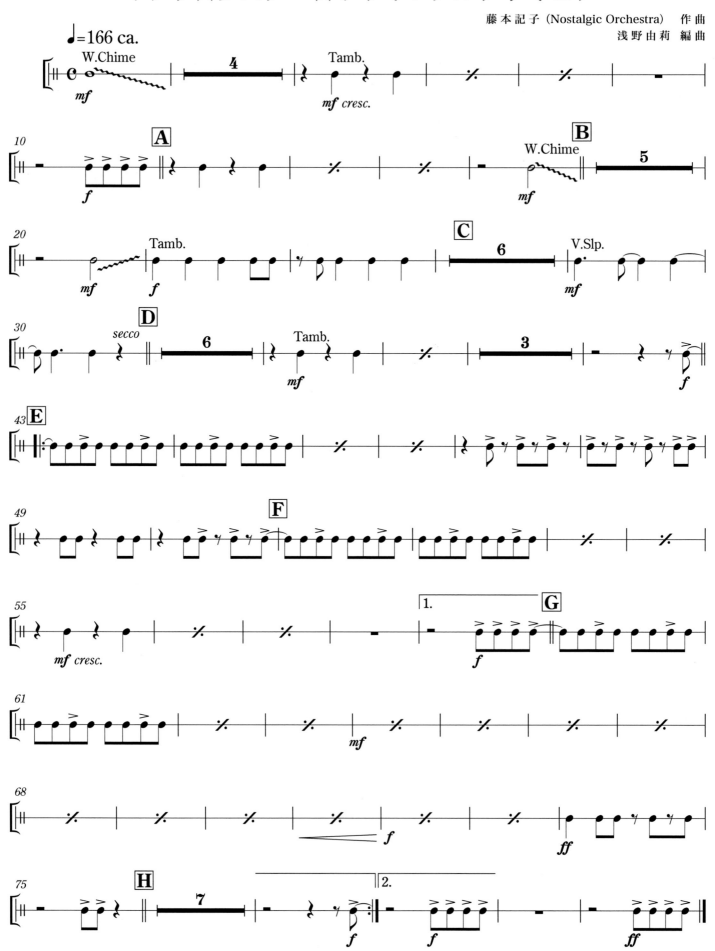